Vehículos militares anfibios

Grace Hansen

abdopublishing.com

Published by Abdo Kids, a division of ABDO, PO Box 398166, Minneapolis, Minnesota 55439.

Printed in the United States of America, North Mankato, Minnesota.

052017

092017

Spanish Translator: Maria Puchol

Photo Credits: Depositphotos Enterprise, Images of Freedom, iStock, marines.mil, navy.mil, ©FotograFFF p.cover, ©Popsuievych p.19, ©Johnny Dao p.22 / Shutterstock.com

Production Contributors: Teddy Borth, Jennie Forsberg, Grace Hansen

Design Contributors: Laura Mitchell, Dorothy Toth

Publisher's Cataloging in Publication Data

Names: Hansen, Grace, author.

Title: Vehículos militares anfibios/ by Grace Hansen.

Other titles: Military amphibious vehicles

Description: Minneapolis, Minnesota : Abdo Kids, 2018. | Series: Vehículos y aeronaves militares | Includes bibliographical references and index.

Identifiers: LCCN 2016963386 | ISBN 9781532102080 (lib. bdg.) | ISBN 9781532102882 (ebook)

Subjects: LCSH: Motor vehicles, Amphibious--Juvenile literature. | Military vehicles--Juvenile literature. | Spanish language materials--Juvenile literature.

Classification: DDC 623.825--dc23

LC record available at http://lccn.loc.gov/2016963386

Contenido

¡Del agua a la tierra! 4

Los vehículos anfibios de asalto (AAV) 6

Los LARC-5. 10

Los transportes blindados (BTR-80). 14

Lanchas inflables de desembarco (LCAC) 18

Las LCAC de cerca 22

Glosario. 23

Índice. 24

Código Abdo Kids. 24

¡Del agua a la tierra!

Los militares usan vehículos anfibios. Éstos son vehículos que funcionan en el agua y en la tierra.

101

Los vehículos anfibios de asalto (AAV)

Un **AAV** es móvil y está armado. Tiene tracción con orugas para moverse por tierra. Pero también tiene motores para moverse por el agua.

Los AAV son normalmente los primeros vehículos en llegar a la costa en los ataques por la playa. Pueden transportar a 21 marines y a tres tripulantes más. También pueden llevar 10,000 libras de cargamento (4,536 kg).

ITF01
ITF02
ITF03

Los LARC-5

Un **LARC-5** lleva cargamento por mar y por tierra. Usa ruedas para moverse por tierra.

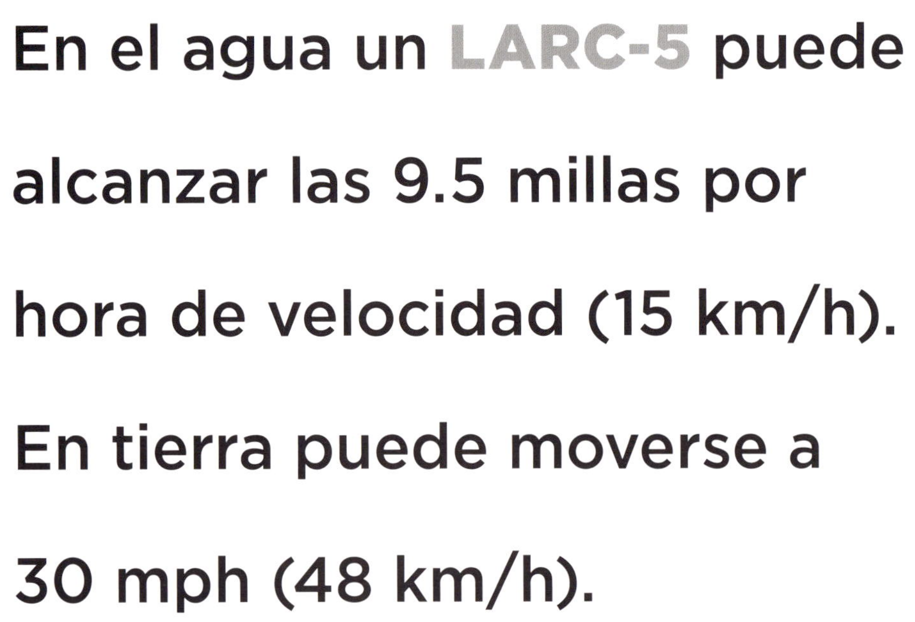

En el agua un **LARC-5** puede alcanzar las 9.5 millas por hora de velocidad (15 km/h). En tierra puede moverse a 30 mph (48 km/h).

Los transportes blindados (BTR-80)

Un BTR-80 es un transporte blindado de personal. Su principal trabajo es llevar soldados al campo de batalla. También proporciona fuego cercano de cobertura.

Un **BTR**-80 puede llevar un comandante, un conductor, un artillero y siete soldados más. Por agua es bastante lento, pero sobre tierra con sus ocho ruedas puede llegar a 55 mph de velocidad (68 km/h).

Lanchas inflables de desembarco (LCAC)

Una **LCAC** usa aire para moverse por agua y por tierra. Lleva soldados a la costa. También transporta armas y cargamento.

87

Las **LCAC** dejan los barcos a 50 millas (80 km) mar adentro. Esto hace que los barcos militares se queden a una distancia segura. Cuando van cargadas pueden moverse a 40 mph (64 km/h).

Las LCAC de cerca

- Tripulación: 5
- Capacidad: 60 toneladas (54,431kg)
- Velocidad: 40 ó más nudos con **carga**

hélices de cuatro palas

- Alcance con carga: 200 millas (322 km)
- Alcance sin carga: 300 millas (483 km)

Glosario

AAV - vehículo anfibio de asalto.

ataque - asalto repentino al enemigo.

BTR - siglas para la palabra Bronyetransporter.

carga - cargamento de pasajeros u otra cosa para entregar en el destino final.

LARC-5 - vehículo anfibio ligero de carga número 5.

LCAC - lancha inflable de desembarco.

marine - miembro del Cuerpo de Marines de los Estados Unidos que sirve en tierra y en mar.

Índice

AAV 6, 8

arma 18

BTR-80 14, 16

carga 8, 10, 18

LARC-5 10, 12

LCAC 18, 20

ruedas 10

tracción con orugas 6

tripulante 8, 16

velocidad 12, 16, 20

abdokids.com

¡Usa este código para entrar en abdokids.com y tener acceso a juegos, arte, videos y mucho más!

Código Abdo Kids:

MMK9329